To: _____

From: _____

What I LOVE about you

You are my favorite

_____

in the world

I think you
make the best

_____

I love that you
taught me to

_____

You make me want
to be a better

_____

I love how you always know

_____

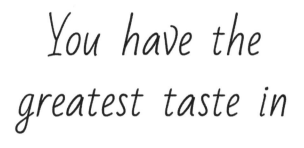

You have the
greatest taste in

_____

I love how you

_____

every day

Our couple name
should be

_____

I love that you
never hesitate to

_____

I love how good you
are at giving me

_____

I love going to

_____

with you

Everyone should be as

_____

as you

I love it when
you talk about

_____

I love how you
always

_____

I love thinking about
the time we

_____

I love how you

_____

me

If you were a dessert
you would be

_____

I love how
you love

_____

I think I'm obsessed
with your

_____

I love hearing stories
about your

_____

I love to

_____

for you

I love that
you believe

_____

I think it's so
funny when you

_____

I don't think I'll
ever be tired of your

_____

I love that you never
get tired of my

_____

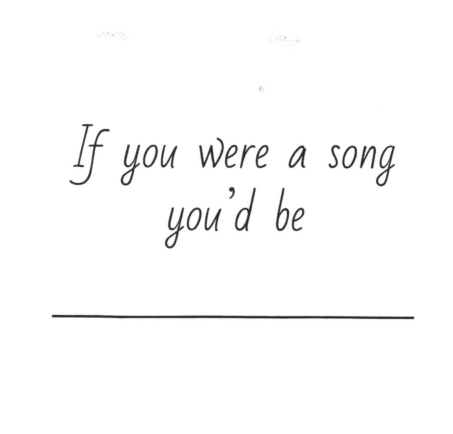

*If you were a song
you'd be*

_____

I love to kiss
your

_____

I love to

_____

with you

I love your

_____

I would love to make

_____

for you

I love the sound
of your

_____

I love to
watch you

_____

I love the
feel of your

_____

Nobody else can

_____

like you

I love how
you make

_____

I think we should

_____

together

I love how you
have such a strong

_____

You give the best

_____

I love how talented
you are at

_____

I'm so glad that
you love my

_____

I love that you
want to

_____

I think the world
needs your

_____

I love it when
you wear

_____

I am so

_____

that

_____

I love you!

Made in the USA
Coppell, TX
03 October 2023